Une Nuit de Noces

UNE

NUIT DE NOCES

FOLIE-VAUDEVILLE EN UN ACTE

Représentée pour la première fois, à Paris, au concert de la SCALA, le 18 mars 1883.

Imprimerie générale de Châtillon-sur-Seine. — A. Pichat.

UNE

NUIT DE NOCES

FOLIE-VAUDEVILLE EN UN ACTE

PAR

MM. H. MONRÉAL & P. MEYAN

PARIS

TRESSE & STOCK, ÉDITEURS

8, 9, 10, 11, GALERIE DU THÉATRE-FRANÇAIS

PALAIS-ROYAL

1885

PERSONNAGES

SATURNIN DE SAINT-AMADOU..	MM.	LIBERT.
LIVAROT........................		PACRA.
CABASSOL........................		BRUNET.
LUDOVIC........................		MIREILLE.
ANTÉNOR........................		GRAMET.
ANTOINETTE........................	Mmes	D'ESCLOO.
LISETTE........................		BLOCK.
AGLAE LIVAROT................	M.	CAUDIEUX.

L'action se passe de nos jours, aux environs de Fontainebleau.

NOTA. — On peut réunir les deux rôles de Cabassol et d'Anténor. — Pour la musique et les parties d'orchestre, s'adresser aux éditeurs.

UNE
NUIT DE NOCES

Une chambre à coucher d'hôtel. — Lit au fond avec rideaux. — Portes latérales. — A droite, premier plan, une toilette-psyché; à gauche, au mur, une petite horloge-coucou. — En scène, un fauteuil, à droite, un canapé, à gauche.

SCÈNE PREMIÈRE

LUDOVIC, puis LISETTE.

Au lever du rideau, Ludovic est assis dans le fauteuil, accablé comme un homme en proie à un profond chagrin.

CRIS, au dehors.

Ludovic!... Ludovic!

LUDOVIC, relevant la tête.

Ah! vous pouvez m'appeler... Je n'ai pas la tête à aller au bal!...

LISETTE, venant de droite.

Eh bien, monsieur Ludovic, vous n'entendez pas vos camarades?...

LUDOVIC.

Oui, je les entends...

LISETTE.

Et vous n'allez pas les retrouver! Ils vont à la fête du pays...

LUDOVIC.

J'ai trop de chagrin, Lisette... je ne saurais pas avoir le cœur à la danse, au moment où celle que j'aime épouse un affreux rival!

LISETTE.

Et vous ne faites rien pour l'empêcher?

LUDOVIC.

Il est trop tard! Je ne l'ai su que ce matin... Antoinette me l'a écrit...

LISETTE.

Antoinette?

LUDOVIC.

Oui, celle que j'aime, la nièce de M. Livarot, le plus riche charcutier de Montrouge.

LISETTE.

Eh! eh! vous vous mettez bien, monsieur Ludovic.

LUDOVIC.

La première fois que je la vis, j'en tombai amoureux... elle était au comptoir, dans la boutique de son oncle... je venais acheter un pied truffé... Ah! Lisette! qu'elle était belle!... Le lendemain, je revins acheter un pied truffé... Le surlendemain un autre et, comme ça, tous les jours suivants...

LISETTE.

Oh! ces amoureux!... Le proverbe a bien raison : laissez-leur prendre un pied chez vous, ils en auront bientôt pris quatre.

LUDOVIC.

Elle me faisait des rillettes... (Se reprenant.) des risettes, veux-je dire... et toutes les fois qu'elle me donnait le pied, je lui prenais la main.

LISETTE.

Et ça a duré longtemps cette idylle truffée?

LUDOVIC.

Trois mois!... puis, un beau jour, son oncle, le père Livarot vendit son fonds et emmena avec lui Antoinette!...

LISETTE.

Et depuis, plus de nouvelles?

LUDOVIC.

Ce matin seulement, une lettre de l'infidèle qui m'annonce son mariage.

CRIS, au dehors.

Ludovic!... Ludovic!...

LISETTE.

Tenez, vos camarades d'atelier vous appellent encore.. vous feriez bien mieux d'aller avec eux à Fontainebleau, à la fête, ça vous distrairait...

LUDOVIC.

Non... je veux rester en tête-à-tête avec ma douleur!..

SCÈNE II

LES MÊMES, CABASSOL, ANTÉNOR.

Ils viennent de droite.

ANTÉNOR.

Eh bien, Ludovic, nous n'attendons plus que toi!

CABASSOL.

Il est neuf heures du soir, la nuit est venue, tu n'as pas l'intention de faire de la peinture, à cette heure-ci?

LUDOVIC.

Je ne sortirai pas ce soir.

CABASSOL.

Nous avons déniché une malle qui a appartenu à des comédiens et dans laquelle il y a un tas de costumes...

ANTÉNOR.

J'ai trouvé un Brésilien! Ah! tu m'en diras des nouvelles!...

CABASSOL.

Voyons, Ludovic, viens au bal!... Il n'y en aura que pour nous... Je me rappellerai pour te faire vis-à-vis le pas de l'autruche en goguette qui faisait mon succès à la Chaumière en 1845...

LISETTE.

Il a des chagrins d'amour, M. Ludovic.

ANTÉNOR.

Eh bien, il les noiera avec nous.

CABASSOL.

Mademoiselle Lisette, vous viendrez avec nous...

LISETTE.

Mais je ne puis pas laisser l'auberge seule, le patron est à Paris.

CABASSOL.

Raison de plus : il ne saura rien...

LISETTE,

Et s'il vient des voyageurs!... C'est que la maison a la spécialité des voyages de noces...

ANTÉNOR'.

Oui, nous le savons... l'hôtel de *la Fleur d'oranger*!...

Eh bien, s'il en arrive de la fleur d'oranger, le garçon d'écurie la recevra et la logera dans la chambre bleue.

CABASSOL.

D'ailleurs, nous l'avons déjà prévenu... on vient d'apporter cette dépêche pour le patron de l'hôtel. (Il montre une dépêche décachetée.) Et comme ce sont de nouveaux mariés, nous avons pris nos précautions.

LISETTE.

Vous avez décacheté la dépêche?

CABASSOL.

Puisque le patron n'y est pas.

LISETTE, lisant la dépêche.

Arriverai ce soir avec ma nièce et son mari, le vicomte de Saint-Amadou. Signé: Livarot.

LUDOVIC.

Livarot! L'oncle d'Antoinette!

LISETTE.

Saint-Amadou!... mais c'est le Savoyard que j'ai connu à Lisieux, il y a trois ans et qui m'a lâchée, le chenapan!

TOUS.

Pas possible!...

LISETTE.

C'est lui qui a effeuillé ma couronne de fleurs d'oranger, le Sardanapale!

LUDOVIC.

Eh bien, Lisette, nous allons nous venger!... Mes amis, vous allez pour aujourd'hui sacrifier le bal et nous aider dans notre vengeance!

TOUS.

Oui, oui!...

CABASSOL.

Et, pour commencer, c'est moi qui vais recevoir les

nouveaux mariés... et je viendrai les installer dans cette chambre.

Il sort à droite.

SCÈNE III

LES MÊMES, moins CABASSOL.

LISETTE.

Ah! M. de Saint-Amadou!... En voilà un qui va être surpris de retrouver vivante mademoiselle Lisette Gorju!

TOUS.

A cause?

LISETTE.

A cause que je lui ai écrit que j'allais me faire périr dans la mare aux canards.

On entend au dehors un roulement de voiture.

LUDOVIC.

Un bruit de voiture... c'est la noce qui arrive.

ANTÉNOR.

Où allons-nous nous fourrer, puisque Cabassol a dit qu'il allait les amener ici?...

LISETTE.

Tenez, là, dans la chambre à côté.

LUDOVIC.

Et maintenant, à nous deux, Saint-Amadou!

LISETTE.

A nous trois, tu veux dire!

Ils disparaissent tous à gauche.

SCÈNE IV

CABASSOL, SATURNIN, ANTOINETTE, LIVAROT, AGLAÉ.

CABASSOL, *entrant de droite, il est déguisé en cuisinier.*

Par ici, messieurs, mesdames, par ici.

Entrée des mariés.

Voici la chambre des époux.
C'est un nid très propre et très doux.
Regardez cet appartement,
Admirez son arrangement.

LIVAROT et AGLAÉ.

Voici la chambre des époux,
Où bien loin des regards jaloux
La mariée entre en tremblant,
Et le mari fier et content.

SATURNIN et ANTOINETTE.

Voici la chambre des époux,
C'est un nid très propre et très doux.
Mon cœur palpite étrangement
En entrant dans ce lieu charmant.

LIVAROT.

Tiens, tiens, mais c'est gentil, ici... (*A sa femme, lui montrant le lit.*) Dis donc, Aglaé, voilà l'autel du sacrifice...

AGLAÉ.

Taisez-vous donc, vieux libertin!

Cabassol roule de gros yeux vers Antoinette.

ANTOINETTE, *à Saturnin.*

Comme il roule les yeux, cet hôtelier, il me fait peur.

SATURNIN.

Comment!... vous avez peur de l'hôtelier?... (*Au public.*)

C'est une sensitive... elle est idéale!... (A Antoinette.) Je vais le renvoyer... (A Cabassol.) Dites donc, mon brave homme...

CABASSOL.

Mossieu...

SATURNIN.

Allez donc préparer un verre d'eau avec un peu de fleur d'oranger pour madame, et une bouteille de vieux bordeaux pour moi... Il paraît que ça vous recale un homme, ça...

AGLAÉ.

Vous croyez? (Vivement, à Cabassol.) Montez-en donc une aussi pour Livarot.

CABASSOL.

Livarot?... Oùs qu'il est ce fromage-là?

AGLAÉ.

Comment, fromage!... C'est mon mari, monsieur.

CABASSOL.

Eh bien, il n'est pas beau!

LIVAROT.

On ne vous demande pas votre avis!... Allez chercher ce qu'on vous dit et dépêchez-vous.

CABASSOL.

J'y vole, monsieur, j'y vole...

Il sort à droite.

SCÈNE V

SATURNIN, ANTOINETTE, LIVAROT, AGLAÉ.

SATURNIN, riant.

C'est un type!...

LIVAROT.

Je trouve qu'il vole beaucoup, moi !... Dites donc, mon neveu, vous avez eu une excellente idée de faire votre voyage de noces à Fontainebleau... la forêt...

AGLAÉ.

Oui, j'ai remarqué que les hommes mariés aiment beaucoup les bois...

LIVAROT.

C'est pour moi que tu dis cela, Aglaé ?...

SATURNIN.

Voyez-vous, ma tante, si je suis venu ici, c'est pour fuir les bruits et les importuns de la ville... Cet hôtel m'était recommandé comme n'ayant jamais personne... Alors, désirant être tranquille, je suis venu y cacher mon bonheur...

AGLAÉ.

C'est très bien pensé... mais, moi, je n'ai pas voulu laisser partir ma nièce sans l'accompagner... Ne l'ai-je pas élevée ?... Ne lui ai-je pas tenu lieu de mère?...

LIVAROT.

Ne l'ai-je pas fait éduquer dans un couvent, comme une demoiselle ?...

AGLAÉ.

Mon ambition était de faire épouser à Antoinette un gentilhomme... Ça m'était égal qu'il fût laid, bête, ridicule, ruiné et vanné, pourvu qu'il fût noble et qu'il portât un joli nom... et comme vous remplissiez exactement mon programme, je n'ai pas hésité à vous donner la main de notre chère enfant...

LIVAROT.

Moi, d'abord, c'est votre nom qui m'a séduit le plus... Saturnin de Saint-Amadou, ça m'a enflammé tout de suite...

Il rit bruyamment.

SATURNIN.

Ce cher monsieur Livarot !... (Bas à Livarot.) Dites donc, est-ce que vous n'allez pas bientôt vous en aller?...

LIVAROT, naïvement.

Je vous gêne ?...

SATURNIN, à part.

Il est idéal, ma parole d'honneur ! (Haut.) Mais vous me gênez énormément, mon cher oncle !...

LIVAROT, bas.

Compris. (A sa femme.) Aglaé, nous allons nous retirer...

ANTOINETTE.

Déjà ?...

AGLAÉ.

Nous ne nous séparons pas de toi, mon enfant; nous serons là, au-dessous... Si tu as besoin de notre protection, tu cogneras avec le manche à balai, et nous monterons de suite... Au revoir, mon trésor...

Elle pleure.

ANTOINETTE, se jette dans ses bras, en sanglotant.

Ma tante !...

LIVAROT, pleurant aussi.

Du courage, mon enfant, du courage !... (A Saturnin.) Accompagnez-moi donc, Saturnin, j'ai quelques petites recommandations à vous faire...

SATURNIN.

A moi?... Ce ne sera pas long au moins?...

LIVAROT, bas.

Non. Mais il faut donner à cette enfant le temps de se déshabiller... votre présence l'intimiderait trop...

SATURNIN.

Vous avez peut-être raison. (A Antoinette.) Ma petite femme, ne vous impatientez pas, je reviens dans un instant.

LIVAROT et AGLAÉ.

Bonne nuit, mon Antoinette
Ne crains pas d'être indiscrète...
S'il le faut, appelle-nous,
Nous demeurons au-dessous.

SATURNIN.

Ne soyez pas inquiète
Sur le sort de votre époux.
Bientôt je s'rai près de vous,
Antoinette.

ANTOINETTE.

N'oubliez pas Antoinette...
Le temps fuit.
Elle serait inquiète
Cette nuit.

ENSEMBLE.

Bonne nuit.

Ils sortent par la droite.

SCÈNE VI

ANTOINETTE, LUDOVIC, caché.

Pendant qu'Antoinette accompagne ses parents, Ludovic paraît la tête à la porte de gauche.

LUDOVIC, à part.

Elle est toujours gentille, ma petite Antoinette!...

ANTOINETTE, revenant.

Je ne sais pas pourquoi, mais tout me fait peur... cette grande chambre m'effraie... (Elle vient devant la toilette et commence à défaire sa coiffure et son corsage.) Il n'a pas cependant l'air bien méchant, M. Saturnin. (Soupirant.) C'est égal, j'aurais préféré M. Ludovic... Je l'aimais au moins celui-là... et il m'aimait bien aussi, lui...

LUDOVIC, à part.

Elle se déshabille... bigre!... Ça devient intéressant!

ANTOINETTE, ôtant son corsage.

Et, lui, qui me croit sans doute oublieuse;.. pauvre garçon...

LUDOVIC, à part.

Je ne céderais pas ma contremarque!...

ANTOINETTE.

Je ne voulais pas l'épouser, moi, ce M. de Saint-Amadou... c'est ma tante qui l'a exigé... et il a bien fallu que je lui obéisse...

LUDOVIC, à part.

Pauvre petite chatte!...

SCÈNE VII

Les Mêmes, SATURNIN.

SATURNIN, passant la tête, à droite.

Peut-on entrer?

ANTOINETTE.

Mais, non, monsieur, on ne peut pas entrer... (Saturnin entre.) Ne m'approchez pas ou je cogne... avec le manche à balai...

SATURNIN, à part.

Elle est idéale, mais je l'apprivoiserai... (Haut.) Vous voudriez me frapper, méchante?...

ANTOINETTE.

Pas vous; mais mon oncle et ma tante pour qu'ils montent tout de suite...

SATURNIN, se récriant.

Ah!... non!... Tout excepté cela!... ils sont bien gentils tous les deux, mais je les ai assez vus!... (Antoinette est assise sur le canapé.) Voyons, est-ce que vous n'êtes pas heureuse de vous trouver enfin seule avec votre mari, dites?... de lui abandonner vos petites mains blanches pour qu'il les embrasse... (Il lui baise les mains, à part.) Je l'apprivoise...

ANTOINETTE.

Mais laissez-moi, monsieur, ça me chatouille... Ah ! ah! ah !...

Elle rit.

SATURNIN.

Ça la chatouille... elle est idéale !...

Il rit aussi.

LUDOVIC, à part.

Cristi !... que je suis donc content de m'être mis là...

ANTOINETTE.

Il me semble que quelqu'un a parlé...

SATURNIN, la prenant dans ses bras.

Mais non... rassurez-vous,.. et d'ailleurs ne suis-je pas là pour vous protéger et vous défendre... (Il lui embrasse les épaules, à part.) Je l'apprivoise... (Tendrement à Antoinette.) Vous êtes un peu effrayée parce que c'est la première fois que nous nous trouvons seuls... car nous sommes bien seuls, mon Antoinette... mais demain, vous serez tout à fait rassurée, et moi, je serai...

LUDOVIC.

Coucou !...

Il disparaît.

ANTOINETTE, se levant.

Vous voyez bien qu'il y avait quelqu'un !

SATURNIN, la rassurant.

Mais non... ça vient de cette horloge... Vous n'avez donc jamais vu d'horloge avec des petits oiseaux qui font aller leur tête comme ça, en disant : coucou ! coucou !...

ANTOINETTE.

Oui, monsieur... mais ça me fait peur tout de même.

SATURNIN, à part.

Elle a peur de tout !... Elle est idéale !...

ANTOINETTE.

Nous aurions bien mieux fait de rentrer dans le joli appartement que ma tante nous avait préparé...

SATURNIN.

A Paris !... Mais vous n'y pensez pas !... Au milieu du bruit et de la foule !... Tandis qu'ici, en pleine forêt de Fontainebleau, tout est calme et silencieux... Écoute ce calme de la nature, mon Antoinette,.. ce silence profond et mystérieux de la nuit,.. ce...

A ce moment on entend sonner du cor dans la coulisse à gauche.

ANTOINETTE.

Hein?... Qu'est-ce que c'est que ça?

SATURNIN.

Ça... c'est un cor de chasse... Seulement je trouve que ce n'est pas précisément l'heure d'en sonner...

ANTOINETTE.

On aurait dit que c'était dans la chambre à côté.

SATURNIN.

En effet... si c'était au fond des bois, je le comprendrais encore... mais, ici, à onze heures du soir, dans un hôtel qui a la réputation d'être tranquille, je la trouve mauvaise...

SCÈNE VIII

LES MÊMES, LIVAROT, AGLAÉ, puis CABASSOL.

LIVAROT, vient de droite en caleçon.

Ah çà! qu'est-ce qui vous prend donc, mon neveu, de nous réveiller comme çà!...

AGLAÉ, en camisole et en jupon.

Vous n'avez pas honte de jouer du cor de chasse au milieu de la nuit!

LIVAROT.

Je demanderai pour ma nièce la séparation de corps.

SATURNIN.

Mais, nom d'un petit bonhomme, ce n'est pas moi qui ai fait ça!...

AGLAÉ.

Au lieu de murmurer à votre femme de douces paroles d'amour, vous lui jouez l'air du roi Dagobert!

SATURNIN.

Mais puisque je vous dis que ce n'est pas moi!

CABASSOL, en aubergiste est entré depuis un moment sans être aperçu.

Je vais vous dire... (Tous se retournent, surpris de sa présence.) C'est un musicien de l'orchestre de l'Opéra de Paris qui doit donner un concert demain...

LIVAROT.

A lui tout seul?

CABASSOL.

Tout seul, avec son cor.

SATURNIN.

Ce sera gai.

CABASSOL.

Alors, il répète ses morceaux.

SATURNIN.

Est-ce qu'il ne pourrait pas choisir un autre moment?

CABASSOL.

C'est ce que je viens de lui dire... il m'a promis de ne pas recommencer avant demain...

AGLAÉ.

Eh bien, c'est heureux!...

SATURNIN, à part.

Je commence à regretter d'être venu ici... (Haut.) Allons, bonsoir, mon oncle, bonsoir, ma tante; allez vous coucher, il est tard...

LIVAROT, regardant l'horloge.

Eh! oui... bientôt minuit!... (Bas à Saturnin.) L'heure des crimes, brigand!... (Haut.) Allons, bonsoir...

ANTOINETTE et SATURNIN.

Bonsoir...

LIVAROT et AGLAÉ, fredonnant le chœur de sortie.

Bonne nuit, mon Antoinette,
Ne crains pas...

SATURNIN, les interrompant.

Allez donc... vous nous l'avez déjà chanté tout à l'heure... (Il les pousse.) Bonsoir...

Livarot, Aglaé et Cabassol sortent à droite.

SCÈNE IX

SATURNIN, ANTOINETTE, puis ANTÉNOR.

SATURNIN, à part.

En voilà une nuit de noces qui n'est pas idéale, par exemple!

ANTOINETTE.

Est-ce que nous irons à ce concert?

SATURNIN.

Quel concert?... Ah! le concert du cor de chasse... mais certainement,... nous irons partout où vous voudrez... seulement, pour l'instant, ne songeons qu'à notre amour, mon Antoinette...

Il la fait asseoir sur le fauteuil.

ANTOINETTE.

Oui, monsieur...

SATURNIN, se mettant à ses genoux.

D'abord, je ne veux plus que tu m'appelles monsieur... appelle-moi ton petit lapin blanc... ton petit coco chéri... dis, veux-tu?... ça me fera plaisir... (A part.) Tant pis, je m'emballe!...

ANTÉNOR, criant à la cantonade.

Il est ici!... Il est ici!...

SATURNIN, se relevant.

Hein?... Qu'est-ce qu'il y a encore?...

Bruit de dispute.

ANTOINETTE.

Ah! mon Dieu!... On dirait qu'on se bat...

SATURNIN.

Quelque dispute... Je vais les faire taire...

Il va vers la porte de droite.

ANTÉNOR, entre en poussant la porte brusquement.

Il se cache!... mais je le trouverai!...

Il est en Brésilien.

SATURNIN.

Monsieur, vous vous trompez, sans doute...

ANTÉNOR.

Me tromper, moi! Caramagnos y Caramagnas! .. à Montévidéo, on ne se trompe jamais!

SATURNIN.

Mais, monsieur, on vous aura donné quelque fausse indication... c'est peut-être vous que l'on trompe...

ANTÉNOR, avec un rugissement.

Ah! ah! On me trompe!... Tu as dit vrai, chenapan!... On m'a trompé... mais on ne me trompe pas deux fois!...

SATURNIN, lui montrant la porte.

Alors, du moment que vous reconnaissez votre erreur...

ANTÉNOR, sortant un faux col de sa poche.

Et ça, le reconnais-tu, toi?

SATURNIN, à part.

Il me tutoie!... (Haut.) C'est un faux col... mais je ne comprends pas...

ANTÉNOR.

Je l'ai trouvé dans la chambre d'Augustine!

SATURNIN.

Augustine?...

ANTÉNOR.

Oui, fais l'ignorant!... Mais Caramagnos y Caramagnas est un malin!... Ce faux col est à toi!

ANTOINETTE.

Comment, monsieur, vous fréquentez des Augustine!...

SATURNIN.

Mais, je vous assure, Antoinette... (A part.) Eh bien, en voilà une nuit de noces!... (Haut.) Monsieur, je ne porte pas de faux col!...

ANTÉNOR.

Mais tu as voulu me faire porter autre chose!... Nous allons nous battre!... Un duel à mort!...

SATURNIN, effrayé.

Un duel à mort!... permettez...

ANTÉNOR.

Voici deux revolvers... douze coups chacun... avec des balles qui éclatent dans le ventre...

ANTOINETTE.

Ah! mon Dieu!...

ANTÉNOR.

Soyez tranquille, madame, je ne le ferai pas souffrir... nous allons nous battre à l'américaine... on se court après, on se cache comme l'on peut... mais chaque fois que l'adversaire montre le bout de son nez... pif! paf!...

SATURNIN.

Mais c'est affreux!

ANTÉNOR.

Je vais donc te faire éclater!... attention!... Une, deux, trois...

Il court se cacher derrière le canapé.

SATURNIN.

Ah! mais il m'agace, cet Américain!...

Il se cache derrière le fauteuil.

ANTOINETTE, au fond, près du lit.

Messieurs, je vous en supplie...

ANTÉNOR.

Ne faites pas attention, madame, c'est l'affaire de deux minutes... (Appelant Saturnin.) Eh! jeune homme!

SATURNIN, derrière le fauteuil, à part.

Si je lui proposais un arrangement... (Il montre la tête.) Que voulez-vous?

ANTÉNOR, l'ajustant.

A toi! (Il tire.) Est-il bête!

SATURNIN.

Ah! ça n'est pas de jeu!...

ANTÉNOR.

Je l'ai raté!...

SATURNIN.

A toi!...

Il tire, Anténor disparaît derrière le canapé, en poussant un cri comme s'il avait été touché.

ANTOINETTE.

Ah! vous l'avez tué!...

Elle s'évanouit sur le lit.

SATURNIN.

Pas possible!...

Il court vers le canapé.

ANTÉNOR, se redressant.

C'est une ruse de guerre!... à toi!...

Il tire.

SATURNIN, se sauvant.

Ah! il n'est pas mort!...

SCÈNE X

LES MÊMES, LIVAROT, AGLAÉ, ils sont toujours en costumes de nuit.

AGLAÉ, venant de droite, vivement.

Ah ça! mais on s'assassine ici!...

SATURNIN.

Ma tante!... (Il se cache derrière elle.) Ne bougez plus!... Faites-moi un rempart de votre corps!

AGLAÉ.

Ah! je suis entre deux feux!

ANTÉNOR.

Retirez-vous, madame...

SATURNIN.

Non, non!... Vous me servez de blindage!... (Il tire.) A toi, l'Américain!

LIVAROT, accourant.

Que signifient ces coups de pistolet?...

ANTÉNOR, se mettant derrière Livarot, — à Saturnin.

Tire donc, maintenant!...

LIVAROT.

Arrêtez!... Mon neveu, expliquez-nous...

ANTÉNOR.

Ah! c'est votre neveu qui laisse traîner ses faux cols chez Augustine!

AGLAÉ.

Qu'entends-je! M. de Saint-Amadou!

SATURNIN.

Ça n'est pas vrai!... Je ne connais pas d'Augustine!

ANTÉNOR.

Vous vous appelez Saint-Amadou!

SATURNIN.

Saturnin, oui, monsieur.

ANTÉNOR.

Alors, rendez-moi mon pistolet... Je me suis trompé d'étage... oh! mais je le retrouverai, l'homme au faux col!... Je le retrouverai!... Et alors... à l'américaine!...

Il sort à droite.

SCÈNE XI

LES MÊMES, moins ANTÉNOR.

SATURNIN.

Eh bien, en voilà une nuit de noces!...

AGLAÉ.

Et mon Antoinette, où est-elle?...

LIVAROT.

Ah! elle est évanouie!...

Ils lui tapent dans les mains.

SATURNIN.

Si j'avais su que cet hôtel, dont on me vantait la tranquillité, était habité de la sorte... c'est moi qui ne serais pas venu!... Ce n'est pas un hôtel!... C'est une succursale de Charenton!...

AGLAÉ.

Ah! elle revient à elle!...

LIVAROT.

Nous sommes là, Antoinette...

ANTOINETTE, reprenant ses sens.

Est-ce qu'il est mort?...

SATURNIN.

Non, ma chère petite femme, je suis vivant, bien vivant...

ANTOINETTE.

Et l'autre?...

SATURNIN.

L'indigène de Montévidéo?... Il a filé... il s'était trompé d'étage...

ANTOINETTE.

Ah! quelle peur j'ai eue!

SATURNIN.

Mais je suis là pour vous rassurer... Soyez tranquille demain, nous quitterons cette auberge infernale!...

ANTOINETTE.

Oh! oui!...

AGLAÉ.

Nous retournerons à Montrouge!

LIVAROT.

On y est plus tranquille qu'à Montévidéo.

SATURNIN.

Mes chers parents, allez vous recoucher... Allez. Cette fois, je mettrai le verrou...

AGLAÉ.

Tu veux que nous te quittions, mon Antoinette?...

LIVAROT.

Dis un mot et nous passons la nuit au pied de ton lit...

SATURNIN.

Ah! mais non!... Je n'ai besoin de personne pour protéger ma femme!... allez-vous coucher...

AGLAÉ, *à Antoinette.*

Tâche de dormir, au moins, ça te calmera...

LIVAROT et AGLAÉ, *en s'éloignant.*

Bonne nuit, mon Antoinette,
Ne crains pas...

SATURNIN, *les poussant.*

Ah! non, assez!... Ça fait la troisième fois!... allez, allez!...

Il les fait sortir et met le verrou.

SCÈNE XII

SATURNIN, ANTOINETTE.

SATURNIN, revenant.

Des cors de chasse!... Des Américains avec des balles qui éclatent dans le ventre!... oh! oui! que nous filerons demain!... (A Antoinette.) Mais, en attendant... il faut dormir un peu, n'est-ce pas?... Allons, déshabillez-vous.

ANTOINETTE.

Devant vous... oh! je n'oserai jamais!..

SATURNIN, à part.

Elle est idéale!... (Haut.) Voyons... je vais vous servir de femme de chambre... tenez, venez vous asseoir dans ce fauteuil... là...

Il la fait asseoir, l'horloge sonne.

ANTOINETTE.

C'est minuit qui sonne...

SATURNIN.

Minuit... oui, minuit... L'heure du mystère... l'heure de l'amour, Antoinette... l'heure de l'amour le plus tendre et le plus passionné... (Antoinette se détourne toute confuse.)... et surtout l'heure du repos...

A ce moment, on entend au dehors un charivari épouvantable, fait avec des casseroles, des cloches, des instruments à vent.

ANTOINETTE, effrayée.

Ah!...

Elle se pelotonne dans le fauteuil.

SATURNIN, furieux.

Encore!... Ah! mais, j'en ai assez à la fin!... Et je n'attendrai pas demain!.. Je veux m'en aller tout de suite!..

Je vais chercher un fiacre, une berline, une charrette, n'importe quoi!... mais je veux quitter cette auberge immédiatement!... Je vais trouver l'hôtelier!... En voilà une nuit de noces!

Il sort à droite.

SCÈNE XIII

ANTOINETTE, puis LUDOVIC, puis LISETTE.

ANTOINETTE, après un temps.

Il me laisse seule!... L'heure de l'amour, a-t-il dit?... Ah! je crains bien qu'elle ne sonne jamais pour moi avec M. Saturnin!... (Soupirant.) Ce n'est pas avec lui que j'espérais passer ma première nuit de noces... oh! non!.. Pauvre Ludovic!... Qu'est-il devenu?

LUDOVIC, venant de gauche.

Il vous aime toujours, mademoiselle!

ANTOINETTE.

Ah! monsieur Ludovic!

LUDOVIC.

Oui, mon Antoinette!... moi qui vous aime plus que jamais et qui viens vous dire : fuyons! allons à l'autre bout du monde, à Barbizon!

ANTOINETTE.

M'enlever?... Et mon mari?

LISETTE, sortant de gauche.

Votre mari?... je m'en charge!

ANTOINETTE.

Une femme, maintenant...

On entend Saturnin au dehors.

LUDOVIC.

Voilà le Saturnin qui remonte... Allons, mademoiselle, entrez là...

LISETTE.

Et vous n'aurez qu'à écouter pour être édifiée... allez, disparaissez... (Antoinette et Ludovic sortent à gauche.) Et maintenant, à nous deux, Saturnin.

Elle monte sur le lit et fait tomber les rideaux.

SCÈNE XIV

LISETTE, cachée, SATURNIN, puis ANTOINETTE, LUDOVIC et ANTÉNOR.

SATURNIN, entrant de droite.

Impossible de mettre la main sur l'hôtelier! Tiens... où est donc passée ma femme?... (On entend un ronflement sonore.) Elle est là... Elle a profité de mon absence pour se coucher... et elle feint de dormir en m'attendant... Je savais bien que je finirais par l'apprivoiser... (Il commence à se déshabiller. — Nouveau ronflement.) Comme elle a le sommeil léger... on dirait le roucoulement d'une tourterelle... Elle est idéale! — Ce qui n'est pas idéal, par exemple, c'est ma nuit de noces!... Moi qui étais venu ici pour être tranquille... ah! j'ai bien réussi!... Enfin, ne pensons plus à ça...

Il va pour enlever son pantalon, hésite, puis se cache derrière le fauteuil, tout en fredonnant.

Voici l'heure du mystère...
L'heure où l'on parle tout bas...

Il reparaît en caleçon. — Au public.

Ce n'est pas plus malin que ça... Et, maintenant, tout à l'amour!

Il va à l'alcôve, écarte les rideaux et se trouve en présence de Lisette, qui, debout sur le lit, et enveloppée d'un drap comme d'un suaire, ressemble à un spectre.

LISETTE.

Arrête, misérable!

SATURNIN.

Comment! un revenant, maintenant! Cette maison est donc ensorcelée!... C'est encore une fumisterie!... Allons, fichez-moi la paix, vous! Je n'aime pas les mauvaises blagues!...

Tout en disant cela, il s'éloigne prudemment du lit vers la gauche.

LISETTE.

Le lâche!... (Elle descend du lit.) Il ose insulter sa victime!... Eh bien, puisque tu n'as pas reconnu ma voix, reconnais mon visage!

Elle se découvre.

SATURNIN, reculant à l'avant-scène.

Lisette Gorju!

LISETTE, marchant vers lui.

Oui! l'infortunée Lisette que tu as séduite et abandonnée comme un chenapan que tu es! Et cela pour en épouser une autre!

SATURNIN.

Vous n'êtes donc pas restée dans la mare aux canards?

LISETTE.

Je reviens de l'autre monde pour te punir de tes forfaits, savoyard!... (Le secouant.) Allons, viens!...

SATURNIN, tombant à genoux.

Grâce!...

LISETTE.

Reconnais-tu tes torts, gredin, sans artifice?

SATURNIN.

Oui, je les reconnais!

LISETTE.

Et l'enfant oublié, là-bas, chez sa nourrice?

SATURNIN.

Oui, je le reconnais!

LISETTE.

Dire que je l'aimais!
Cet être pâle et blême,
Je lui donnai ma foi!
Saturnin, anathème!
Anathème sur toi!

Sur les derniers mots, Antoinette, Ludovic, Cabassol et Anténor sont sortis sans bruit de gauche et sont venus se ranger derrière Lisette.

TOUS.

Anathème sur toi!
Ah! ce pauvre Saturnin!
Ah! quelle piteuse mine!
Comme il a l'humeur chagrine!
Il n'a pas l'air bien en train!

SCÈNE XV

LES MÊMES, LIVAROT, AGLAÉ.

AGLAÉ, toujours en camisole.

Ah ça!... qu'est-ce que cela veut dire?

ANTOINETTE.

Cela veut dire, ma tante, que le mari que vous m'avez donné est un monstre et que je n'en veux plus!

LIVAROT, toujours en caleçon.

Sapristi!... mais il fallait dire cela plus tôt!... Maintenant, il est trop tard!...

CABASSOL.

A moins que cette dépêche qu'on vient d'apporter pour vous ne retourne la situation!...

LIVAROT, prenant la dépêche.

Une dépêche?... (Il l'ouvre.) Tiens, ça vient de la mairie de Montrouge... (Il lit.) Empêchez consécration mariage entre votre nièce et Saint-Amadou... Les unions inscrites aujourd'hui sur les registres de l'état civil de la mairie de Montrouge sont nulles devant la loi !

TOUS.

Ah !

LUDOVIC, à Antoinette.

Mais alors, je puis vous épouser?

ANTOINETTE.

Avec enthousiasme !... Voilà ma main !

LISETTE.

Et moi, je reprends Saturnin !

SATURNIN.

Puisqu'il y a eu mal donne, je répare mes torts.

ANTOINETTE.

Mon hymen ne valait rien.
Une erreur de la mairie
Permet qu'on me remarie.
Tout est bien qui finit bien !

REPRISE EN CHOEUR.

Rideau.

FIN

Imprimerie générale de Châtillon-sur-Seine. — A. Pichat.

www.ingramcontent.com/pod-product-compliance
Ingram Content Group UK Ltd.
Pitfield, Milton Keynes, MK11 3LW, UK
UKHW012305240726
13966UKWH00004B/1647